READ AND LEARN

SPANISH

WITH

LECCIONES DE VIDA Y PALABRAS SABIAS

Life Lessons and Words of Wisdom

Lecciones de Vida y Palabras Sabias

Life Lessons and Words of Wisdom

Versión Bilingüe
Español - Inglés

ISBN-13: 978-1-7327116-0-0

Lecciones de Vida y Palabras Sabias

Life Lessons
and Words of Wisdom

Bilingual Version

Dedicatoria

"Si quieres ser sabio, aprende a interrogar
razonablemente, a escuchar con atención,
a responder serenamente y a callar
cuando no tengas nada que decir."
Johann Kaspar Lavater

"Lecciones de Vida y Palabras Sabias"
es una recolección de pensamientos,
dichos, adagios y proverbios
populares utilizados en la crianza de
los hijos. El libro deseo dedicarlo a la
memoria de mis padres Amaranto
García Guerrero (QEPD) y Juanita de la
Hoz de García (QEPD) cuyos dichos y
sabios pensamientos siempre llevaron
un mensaje de aprendizaje e hicieron
parte de la crianza
de sus ocho hijos.

Por siempre en mi
corazón,

Diana Reese

Dedication

"If you want to be wise, learn to interrogate
reasonably, to listen carefully,
to respond calmly and to be quiet
when you have nothing to say."
Johann Kaspar Lavater

"Life Lessons and Words of Wisdom" is a collection of thoughts, sayings, phrases and popular proverbs used in the upbringing of children. I wish to dedicate this book to the memory of my parents Amaranto García Guerrero (RIP) and Juanita de la Hoz de García (RIP) whose words and wise thoughts always carried a message to learn from and they were part of the upbringing of their eight children.

In my heart
forever,

Diana Reese

Agradecimientos

Quiero agradecer a todas las personas que me ayudaron a hacer realidad este proyecto, en especial a mi esposo por su soporte incondicional, y a la Pastora Marjorie Weiss, quien con mucho amor, ayudó con la edición en inglés.

Acknowledgments

I want to thank all the people who helped me make this project a reality, especially to my husband, Chris Reese, for his unconditional support, and to Pastor Marjorie Weiss who, with much love, helped with the English edition.

Introducción

"La imaginación es más importante que el
conocimiento. El conocimiento es limitado
y la imaginación circunda el mundo. "

A.Einstein

Sabiduría es la comprensión avanzada
que una persona tiene de un asunto.
Es un término que se emplea para
referirse al conjunto de conocimientos
y normas adquiridas con la
experiencia. Los guías o sabios
espirituales utilizaban leyendas,
refranes y proverbios populares para
referirse a situaciones cuyo resultado
final era obvio y por considerarlas
fundamental para aprender a
reflexionar, sacar conclusiones y
discernir entre la verdad, lo bueno y lo
malo. Era una manera de despertar el
sentido común, el juicio y
entendimiento para resolver

problemas, evitar peligros, alcanzar metas o aconsejar a otros.

La sabiduría se adquiere a partir de la experiencia, la observación o de las pruebas que nos pone la vida cada día.

"Lecciones de Vida y Palabras Sabias" le ofrece al lector una forma diferente de leer y practicar el idioma español.

Cómo usar el libro:

Se recomienda intentar comprender primero el mensaje en el idioma que está aprendiendo con la ayuda del vocabulario al pie de la página. Luego lea la traducción al lado opuesto de la página y utilice como referencia las palabras subrayadas o en letra cursiva entre ambas páginas. Repita el proceso.

Recuerda.
La traducción no es literaria.

Introduction

"Imagination is more important than knowledge. Knowledge is limited and imagination surrounds the world." A. Einstein

Wisdom is the advanced understanding a person has of an issue. It is a term used to refer to the set of knowledge and standards acquired with experience. Guides and spiritual sages used legends, sayings and popular proverbs to refer to situations whose final result was obvious and because they considered them fundamental for people to learn to reflect, draw conclusions and discern between "truth, good and bad." It was a way to awaken common sense, judgment and understanding to solve problems, avoid danger, achieve goals or advise others.

Wisdom is acquired from experience, observation, and by the tests life gives us each day.

"Life Lessons and Wise Words" offers the reader a different way to read and learn the language.

How to use the book:
It is recommended to try to understand the message first in the language you are learning with the help of the vocabulary at the bottom of the page. Then, read the translation on the opposite side of the page and use the underlined or cursive words between both pages as a reference. Repeat the process.

Remember:
Translation is not literary.

"No hay que confundir nunca
el conocimiento con la sabiduría.
El primero nos sirve para ganarnos la vida;
la sabiduría nos ayuda a vivir."
Sorcha Carey

===

"We must never confuse
knowledge with wisdom,
the first one helps us to earn a living
but wisdom helps us to live life."
Sorcha Carey

Shhh... estoy
meditando.

Es **bendición**.
Es respeto.
Es amor.

Diana Reese

Bendición = blessing

Shhh ... I'm
meditating.

It's a blessing.
It's respect.
It's love.

Diana Reese

"**El perdón** *no busca vengarse* o reclamar un ***castigo*** o restitución. El perdón *es alimento* para el *alma,* es compasión, es amor. *El perdón* es una virtud que *libera.*"

Diana Reese

Perdón = forgivenesss
Castigo = punishment

"Forgiveness *does not seek revenge* or claim *punishment* or restitution. Forgiveness *is food* for the *soul,* it is compassion, it is love. *Forgiveness* is a virtue that *liberates.* "

Diana Reese

"La generosidad nos invita a *compartir*, a ayudar, a dar, a ofrecer *algo de nosotros* a los demás. Es *desprendernos* del **interés propio** para servir a la comunidad y a Dios."

Diana Reese

Compartir = to share
Interés propio = self-interest.

"Generosity invites us
to share, to help, to give,
to offer *something of ourselves*
to others.
It is to *let go* of **self-interest** in
order to serve
the community and God. "

Diana Reese

"El valor de la perseverancia
es el *esfuerzo* continuo.
Es el compromiso
y la decisión *de hacer* lo que nos
hemos propuesto *alcanzar,*
ya sean *desafíos*
o sueños."

Diana Reese

Esforzar = to strive
Alcanzar = to reach, to attain
Desafíos = challenges

"The value of perseverance
is the continuous *effort*.
It is a commitment
and decision *to do* what we are
determined to *accomplish*,
whether those are *challenges*
or dreams."

Diana Reese

"La cabeza no se hizo **solamente** para los *piojos* y el *sombrero."*

Amaranto García

Solamente = only

"The head was not given
only to carry *lice*
and to wear a *hat."*

Amaranto García

"Ayudemos al *gran pastor*, a cuidar y dirigir su ***rebaño***; cuidándolo y **dirigiéndo** nosotros al rebaño de nuestro **hogar**, de nuestra familia y **poniendo** el **alma** y el corazón al servicio del *bien común.*"

Amaranto García

Rebaño = flock
Dirigir = to direct, to lead
Hogar = home
Poner = to put
Alma = soul

"Let us help the G*reat Shepherd* to care for and direct His *flock*, by taking care and teaching our children and families and by giving our souls and hearts to the service of the *commonwealth*."

Amaranto García

"El **éxito** del *matrimonio*:
Aceptar que somos imperfectos."

"Un ***regalo*** para un **matrimonio**:
Un crucifijo que *les **recuerde***
que sus imperfecciones
<u>ya</u> *fueron **perdonadas***
por la **sangre** de Jesucristo."

Diana Reese

Éxito = Success
Regalo = gift
Matrimonio = marriage / married couple
Recordar = to remember
Perdón = to forgive
Sangre = blood

"*Marriage* success:
Accepting that we are imperfect
people."

"A *gift* to a married couple:
A cross to *remind them*
that their imperfections
were <u>already</u> *forgiven*
by the blood of Jesus Christ."

Diana Reese

"Cuando *comprometemos* nuestros principios morales, ***dejamos de ser*** una persona con *libertad* de **pensar** y actuar, para ***convertirnos*** en la *marioneta* **de alguien."**

Diana Reese

Dejar de ser = to stop being
Pensar = to think
Convertirse = to become
De alguien = someone's / of someone

"When *we compromise* our moral principles, *we stop being* a person with the *freedom* to think and act, only *to become* someone's *puppet*."

Diana Reese

"En la vida **hay** los que *siempre* encuentran falso **alivio** o satisfacción *culpando* a otro."

Diana Reese

Hay = there is / there are
Alivio = relief

"There are those in life who *always* find
false relief or satisfaction
by *blaming* someone else."

Diana Reese

"Ningún *colegio,* universidad, religión,
gobierno o **consejero**
reemplaza la responsabilidad
de los *padres*
para con sus hijos."

Diana Reese

Colegio: school
Consejero = counselor , advisor

"No *school,* university,
religion,
government or counselor
replaces the responsibility
of the *parents*
for their children. "

Diana Reese

Qué es la justicia?

"**Es** la aplicación y obediencia
de los *derechos* y normas
regulatorias
de la *sociedad*, **que son**
aceptables
ante los ojos de Dios.
Es *obtener* lo que necesitas y lo
que deseas
con *tu propio* esfuerzo."

Diana Reese

Es = he is, she is, it is
Que son = that are, which are
Ante los ojos = before the eyes

"What is justice?

"It is the application and obedience
of the *rights* and regulatory norms
of *society*; those, which are acceptable
in God's eyes.
It's *getting* what you need and
what you want
with *your own* effort."

Diana Reese

"El hombre que no le *teme*
a **nada ni** a Dios,
está fregado,
porque **será capaz de**
cometer las *peores*
atrocidades.
Ese, no le **sirve** a nadie,
ni a *él mismo*."

Amaranto García

Nada = nothing
Ni= not even
Ser capaz de = to be able to
Servir = to serve – to be worth

"The man who *fears*
nothing, even God;
screws himself over,
because he will be capable of
committing the *worst*
atrocities.
He does not serve anyone,
not even *himself.* "

Amaranto García

"Así como se prostituye una mujer,
se prostituye un hombre;
y cuando *encuentra*
a una mujer
que se le entrega **fácilmente,**
se aprovecha de ella
porque la considera
igual que a las demás."

Amaranto García

Encontrar = to find
Fácilmente = easily
Aprovecharse de = to take advantage of
Igual = equal

"Just as a woman can be a prostitute,
so can a man;
and when *he finds* a woman
who easily gives of herself,
he takes advantage of her
because he considers her
like 'those' women. "

Amaranto García

"La mujer que **'repasa'** muchos novios, **vale** tanto como el centavo. Todos lo **tocan** y **nadie** quiere *quedarse* con él."

Amaranto García

Repasar = to review, to go over
Valer = to be worth
Tocar = to touch
Nadie = no one
Quedarse = to stay, to keep

"The woman who has many
boyfriends,
is like
a penny.
Everyone touches it
but no one
wants
to keep it. "

Amaranto García

"Enseñe a sus hijos
a decir **NO!**
a una edad **temprana**."

"Deje que la *gente* **entienda**
que su NO, **quiere decir** NO, y
el Sí, Sí."

Amaranto García

Temprano = early
Entender = to understand
Querer decir = to mean, to want to say

"Teach your children to
say **NO!**
at an early age."

"Let *people* understand that
your NO, means NO, and Yes,
Yes."

Amaranto García

Estás *enfermo*?
Escucha a tu *cuerpo.*
"El **caldo** de *pollo,*
el jugo de *manzana*
y **un poco de** *reposo*"
siempre caen bien.

Diana Reese

Estás = you are
Caldo = broth, bouillon, soup
Un poco de = a litte bit of

Are you sick?
Listen to your *body*.
"*Chicken* soup,
apple juice
and some *rest*"
is *always* good advice.

Diana Reese

"Nunca te *quejes*
si no tienes
una alternativa o solución
que ofrecer."

"Tus problemas
no son los *peores*.
Tus *logros*
no son los *mejores*.
Siempre *habrá*
alguien
peor y mejor
que tú."

Diana Reese

Quejarse = to complain/ to grumble

"Do not *complain*
if you don't have
an alternative or a solution
to offer."

"Your problems
are not the *worst.*
Your *achievements*
are not *the best.*
There will always *be*
someone
worse and better
than you. "

Diana Reese

"Hable con *los **ancianos**,*
porque ellos son *sabios*
y bien versados
en experiencias de la
vida."

Amaranto García

Ancianos = elderly
Sabios = wise
Vida = life

"Speak with *the elders*,
for they are *wise*
and well versed
in life's experiences."

Amaranto García

"Cuando usted *sea capaz* de
resistir la tentación de una
mujer que le **atraiga**
y que se ofrezca
descaradamente,
entonces, estará *listo*
para *casarse.*"

Amaranto García

Ser capaz de = to be able to
Atraer = attraction
Descaradamente = without shame

"When you *are able* to
resist the temptation of a
gracious but easy *woman*,
who offers herself
shamelessly;
then, you are *ready*
to get married."

Amaranto García

"No hay que confundir la
libertad
con el *libertinaje*"

"Al **perro** más **flaco**, se le
pegan las **pulgas**."

Amaranto García

Perro = dog
Flaco = skinny
Pegar = to stick
Pulgas = fleas

"Do not confuse
freedom
with *immoral self-
indulgence.*"

"To the weakest one, all tasks
will be given."(1)

Amaranto García

literally: The skinniest dog, gets the fleas.

"Dime **con quién andas**,
y *te diré* quién eres."

"El que anda
con la "M",
el **olor**
se le **pega**."

Amaranto García

Con quién = with whom
Andar = to walk, to go around, to hang around
Olor = smell
Pegar = to stick

"Tell me who your friends are,
And *I will tell you* who you are."

"If you surround yourself
with shit,
you will also
stink."

Amaranto García

"No hay nada *peor* en el ***mundo*** *que una* persona ignorante con ***poder*** y dinero."

Amaranto García

Peor = worse
Mundo = world
Poder = power

"*There is nothing worse* in the *world than an* ignorant person with *power* and money."

Amaranto García

"La ignorancia es la *peor compañera* del **hombre.**"

"*Nunca* **olvide**: 'Seguridad **Ante Todo.**'"

Anónimos

Hombre = men
Olvidar = to forget
Ante todo = first of all

"Ignorance is men's *worse companion.*"

"*Never* forget, 'Safety First.'"

"El hombre *que no tiene* **ni** consideración
ni respeto por *su **madre***, *tampoco* la tendrá **con usted.**"

Amaranto García

Madre = mother
Con Usted = with you (formal)
Ni... ni = neither ... nor

"A man *that has no*
consideration
or respect for *his mother,*
will not have it for you *either.*"

Amaranto García

"*Sólo* una mujer que es madre, puede
entregarse en sacrificio, *noches sin
dormir* y una total renuncia
a **su propia** vida por la vida,
el **alma** y el corazón del niño,
que es **carne** de su carne,
alma de su alma,
fruto de su amor!
Ella *no lo hace* solo
por **unos pocos** días; *sino que*
son *muchos años* de **entrega** y
devoción.
¡Bienaventuradas todas las madres del
mundo!"

Amaranto García

Solo = only
Su propia = her own
Alma – soul
Fruto – fruit
Carne = flesh , meat
Unos pocos = a few
Sino que = but (in the sense of rather)
Entrega = dedication, delivery
Mundo = world

"*Only* a woman who is a mother, can *give herself* in sacrifice, *sleepless nights* and a total renunciation of her own life for the life, soul and heart of the child, who is flesh of her flesh, *soul* of her soul, fruit of her love! She *doesn't do it* only a few days, but *instead,* she gives such dedicated devotion for <u>*many years*</u>. Blessed are all the mothers of the *world!* "

Amaranto García

"La honestidad, el carácter y la integridad,
no **tienen** precio."

"Nunca adquiera **dinero**
mal habido,
porque **meterá** la
violencia y
calamidad a su **casa.**"

Amaranto García

Tener = to have
Dinero = money
Meter = to insert, to introduce
Casa = house

"Honesty, character and
integrity
have no price."

"Never acquire *ill-gotten*
money,
because it will bring violence
and
calamity to your house."

Amaranto García

"Ni Fu, ni Fa."(1)

"Más **vale** el **diablo** por **viejo**
que por diablo."

"El que no escucha *consejo*, no
llega a viejo."

"Al **pan**, pan y al **vino,** vino."

Anonymous

Valer= to be worth
Diablo = devil
Viejo = old
Llegar = to arrive, to reach
Pan = bread
Vino = wine (as a verb = he came)

"Neither one thing or the other."(1)

"Wisdom comes with age."

"He who hears no *advice*, will not reach old age."

"Call things what they are."

Anonymous

(1) Indicates that something is indifferent, that it is neither good nor bad, or useful.

"**Juventud** – *Divino **tesoro**.*
Vívela, disfrútala y **dignifícala.**
Cuida religiosamente
las raices del *frondoso* árbol
de la venerable ancianidad.
Todos comenzamos
siendo *niños,*
pero no todos **terminaremos**
con la *corona* de respeto
dada a los **ancianos**."

Amaranto García

Juventud = Youth
Tesoro = treasure
Vívela! = live it!
Disfrútala! = enjoy it!
Dignifícala! = dignify it!
Cuidar = to take care of
Anciano = Elderly
Terminar = we will end up

"Youth - *Divine treasure.*
Live it, enjoy it and dignify it.
Faithfully care
for the roots of a *leafy* tree
so you grow into
a dignified old age.
<u>We all started</u>
as *children,*
but not all of us will end up
with the *crown* of respect
at old age. "

Amaranto García

"Aprenda a discernir.
No todo lo que *brilla*
es oro."

"**Recuerde** que toda *escoba*
nueva barre bien."

"*El altanero* **algún** día
encuentra a su *verdadero*
padre **en la calle**, y **ese**, no le
tendrá *compasión*."

Anónimos

Nueva = new
Algún día = some day
Recordar = to remember
En la calle = on the street
Ese = that one
Tendrá = will have

"Learn discerniment.
Not everything that *glitters*
is gold."

"Remember 'all new *broom*s
sweep clean.'"

"*The mean person* will
eventually find a *real* parent
who will correct him with no
mercy."

Anonymous

"Si tu *fé* no te ofrece la
seguridad
de dónde *pasarás*
tu eternidad
después de la *muerte,*
por qué <u>no le das</u> una
oportunidad
a Jesucristo *en tu vida?*"

Diana Reese

Fé = faith
Después = after
Por qué = why

"If your *faith* does not
offer you
the *assurance*
of where you *will spend*
eternity
after your *death*,
why <u>don't you give</u>
Jesus Christ
the opportunity *in your
life?*"

Diana Reese

"Así como una **jornada** bien **empleada** produce un *dulce sueño*, así una vida *bien vivida* causa una dulce muerte."

Leonardo Da Vinci

"Hacer el bien durante el día **trae paz** en la noche."

Diana Reese

Jornada = working day
Empleada = well used, female employee
Dulce = sweet
Traer = to bring
Paz = peace

"Just as a well-used and productive day gives you *sweet dreams*, so a life *well lived* causes a sweet death."

Leonardo da Vinci

"*Doing good* during the day brings peace at night."

Diana Reese

"Cada **amanecer**:
Al *abrir* los ojos, le **doy gracias**
a Dios y
le pido que bendiga *mi hogar*.
Al **despedir**
a mi *amado* esposo,
***pido** protección, sabiduría*
y favor con los que
*le **rodean**.*
Al **empezar** mi *trabajo*,
pido sabiduría.
Al **llegar** a *algún lugar*,
doy gracias a **Dios**."

Diana Reese

Amanecer = sunrise
Dar gracias = to say thank you
Despedirse = to say good bye
Pedir = to ask
Rodear = to surround
Empezar = to start
Llegar = to arrive

"Every sunrise:
When I *open* my eyes, I thank
God and
I ask Him blessings for *my home.*
When I say goodbye
to my *beloved* husband,
*I ask for protection, wisdom
and favor with those
around him.*
When I begin my *work,*
I ask for wisdom.
When I get *somewhere,*
I thank **God.** "

Diana Reese

"La vida es mucho más *amable* cuando *nos acostumbramos a ver* lo bueno en los demás *por encima de* sus errores."

Diana Reese

Amable = kind
Acostumbrarse a = to get use to
Por encima de = beyond, above, over

"Life is much more *friendly*
when *we get used*
to seeing the good in others
beyond their mistakes."

Diana Reese

"La noche *llega* y
el cansancio *vence*.
Por qué *no duermes*,
oh alma mía?
Será que no he
perdonado?
Será que aún *estoy
juzgando*?
Será que estoy *maquinando* un
desquite?
Será que busco
tener la razón?

Y la otra persona?
Ya duerme plácidamente."

Diana Reese

See side by side translation

"The night *arrives* and tiredness *takes over*.
Why *do you not sleep,*
oh my soul?
Could it be that I have not *forgiven?*
Could it be that I am still *judging?*
Could it be that I am *plotting revenge?*
Could it be I am trying to be right?

And the other person?
Is already sleeping peacefully."

Diana Reese

"¿Cómo *conseguimos* la paz
después de que *un ser querido
ha fallecido*?

Porque *EN VIDA*
mi amado
con sus acciones,
bondad,
comprensión
y palabras
me dijo
cuánto significaba para él."

Diana Reese

Despues de que = after
Cuánto = how much
Significar = to mean

"How do *we get* peace
after *a great loved one
has passed away*?

Because *IN LIFE*
my beloved one
with his actions,
kindness,
understanding,
and words
told me
how much I meant to him."

Diana Reese

"Por qué eres *tan duro* **contigo**
mismo?
Permítete **ser** imperfecto
y **cometer errores.**
Es *la única forma*
de **crecer** fuerte."

Diana Reese

"*No hay* árbol
que el viento
no haya *sacudido.*"

Proverbio Hindú

Contigo = with you
Ser = to be
Cometer un error = to make a mistake
Crecer = to grow, to grow up

"Why are you *so hard* on yourself?
Allow yourself to be imperfect
and to make mistakes.
It's *the only way*
to grow strong."

Diana Reese

"There is no tree
the wind
Has not *shaken."*

Hindu Proverb

"La ocasión hace al *ladrón*."

Anónimos

"La oportunidad *se le escapa
a la mayoría de las personas,*
porque ella lleva _overol_
y *se parece* al trabajo."

Thomas A. Edison

Llevar = to wear, to carry
Trabajo = work

"Opportunity makes a *thief*."

Anonymous

"Opportunity *is missed*
by *most people*
because it is dressed in
<u>overalls</u>
and *looks like* work"

Thomas A. Edison

"La suerte de la **fea**, la **bonita** la **desea**."

Juana de García

"La **belleza** es una *carta* de recomendación a <u>*corto plazo*</u>."

Ninon De Lenclos

"Cuando **envejecemos**, la belleza *se convierte* en cualidad *interior*."

Emerson

Fea = ugly
Bonita = pretty
Desear = to desire, to wish, to want
Belleza = beauty
Carta = letter
Envejecer = to get older

"Even the pretty ones envy *the fate* of the ugly."

Juana de García

"Beauty is
a *short-term*
recommendation *letter*."

Ninon De Lenclos

"When we age,
beauty *becomes*
an *inner* quality."

Emerson

"No te **tomes** las ofensas *a pecho*.
Después de todo,
ellas solo te **enseñan**
el otro *lado* de las personas."

Diana Reese

"A **palabras** *necias*, **oídos** *sordos*."

Juana de García

"En **boca cerrada**, no entran
moscas."(1)

Juana de García

Tomar = to take, to drink
Después de todo = after all
Enseñar = to teach
Palabras – words
Oídos – ears
Boca = mouth
Cerrada = closed
Moscas = flies

"Do not take offenses *to heart*.
After all,
they only teach you
the real *side* of people."

Diana Reese

"To *foolish* words, *deaf* ears."

Juana de García

"Loose lips sink ships."(1)

WWII Advertising Council

(1)   In Spanish it literally means "in a closed mouth the flies can't get in."

"Tu actitud *te llevará*
a *la* **cima**
o a las ***profundidades***
más **temibles;**
todo depende
de la actitud *que* ***tomes***
frente a las diferentes
situaciones de la *vida*."

Diana Reese

Cima = top
Profundidades = depths
Temer = to fear, to be afraid of
Tomar = to take
Frente a = in front of

" Your attitude *can take you* to
the top
or to the most
<u>fearsome</u> *depths*;
it all depends
on the attitude *you have*
when facing
different *life* situations."

Diana Reese

"Cuando **te sientes** *débil*,
cuando **muestras** tus emociones
llorando o en silencio,
es cuando más *fuerte* eres.
Los humanos *son capaces* de expresar
sus debilidades, anxiedades, tristesas,
y frustraciones. Jesús *lo* **hizo**.
El lloró **lágrimas** de sangre
en el Calvario;
luego, *oró*
y **se sometió** *a la voluntad* de su
Padre."

Diana Reese

Sentirse = to feel
Mostrar = to show
Hacer = to do, to make. (hizo = past tense)
Lágrimas = tears
Luego = then, later
Someterse = to submit

"When you feel *weak*,
when you show your emotions
by *crying* or in silence,
that is when you are *stronger*.
Humans *are capable* of expressing
their weaknesses, anxieties, sadness,
and frustrations. Jesus *did it*.
He wept tears of blood
on Calvary;
then, *he prayed*
and submitted *to the will*
of his Father."

Diana Reese

"Un banquero es un señor
que *nos **presta***
un ***paraguas*** cuando *hace sol*
y nos lo *exige*
cuando empieza a *llover*."

Mark Twain

Prestar = to lend
Paraguas = umbrella

"A banker is a man
who *lends us*
an *umbrella* when *it's sunny,*
and *demands* it
when it starts *to rain.*"

Mark Twain

"La vida *te da*
una lección de **humildad**
a las buenas o a las malas;
por eso es mejor
coolaborar
y *aprenderla* **rápido.**"

Diana   Reese

Humildad = humility
A las buenas o a las malas = the easy way or the hard way
Rápido = fast

"Life *gives you*
a lesson in humility
one way or the other;
that is why it's wise
to cooperate
and to *learn it* fast."

Diana Reese

El Fruto del Espíritu:

Amor, gozo, paz,
paciencia, benignidad,
bondad, fe,
Mansedumbre y templanza.

Uno no puede existir *sin* el
anterior.

Gálatas 5:22-23

See translation side – by - side

The Fruit of the Spirit:

Love, joy, peace,
forbearance, kindness,
goodness, faithfulness,
gentleness, and self-control.

One can not exist *without* the
previous one.

Galatians 5:22-23

"¿Qué es la **Malicia** Indígena? Es tener *sentido común,* escepticismo y *recelo.*"

Diana Reese

Malicia = mischievousness, slyness, cleverness
Escepticismo = skepticism, to doubt as to the truth
Recelo = suspicion, mistrust, apprehension,

"What is Ancient Wisdom?
It is to have *common sense,*
skepticism, and *suspicion.*"

Diana Reese

"El sabio puede **sentarse** en un *hormiguero*, pero sólo el ***necio se queda*** sentado en él."

Proverbio chino

Sentarse = to sit down
Necio = fool
Quedarse = ro remain, to stay, to stick

"The wise man can sit in an *anthill*, but only the *fool remains* seated on it."

Chinese proverb

"La belleza de **la *vida***
se encuentra *a tu alrededor...*
en **las cosas** *más sencillas,*
las *cuales* generalmente
pasan ***desapercividas***
por muchos."

Diana Reese

La vida = life
Encontrarse = to find
Las cosas = things, stuff
Desapercibir = to go unnoticed

"The beauty of *life*
is found *around you* ...
in the simplest things,
those *which* generally
go *unnoticed*
by many."

Diana Reese

"La paz *reside* en el **corazón**
de los *humildes*
y la expresa ***cada día***
con sus ***palabras*** y acciones."

Corazón – heart
Cada día = each day
Palabras = words

"Peace *resides* in the heart
of the *humble*,
and he expresses it *every day*
with his *words* and actions."

Diana Reese

"**Derrama** Amor
Donde quiera *que vayas*
Derrama amor *primero* en tu casa.
Da amor a tus hijos,
a **tu mujer** o a *tu marido*,
a **tus vecinos**...
No dejes que **nadie** venga a ti
sin **irse** *mejor*
y más feliz."

Madre Teresa

Derramar = to spill, to pour
Dar amor = to give love
Tu mujer = your wife
Tu marido o esposo = your husband
Tus vecinos = your neighbors
Nadie = no one, nobody
Irse = leaving

"*Spill* Love
Wherever *you go*
Pour love *first* into your home.
Give love to your children,
wife or *husband*,
to your neighbors ...
Do not let anyone come to you
without leaving *better*
and happier."

Mother Theresa

"Cuando *fuiste* **martillo**
no tuviste **clemencia**,
ahora que *eres* **yunque**,
ten paciencia."

Anónimo

Martillo = hammer
Clemencia = mercy
Yunque = anvil.

"When *you were* a hammer
you did not have mercy,
now that *you are* anvil,
be patient."

Anonymous

"**Ningún** individuo
tiene el *derecho*
de *venir* al mundo
y *salir* de él
sin dejar *atrás*
razones claras y legítimas
por las cuales pasó por él."

George Washington Carver

Ningún = no one, any (negative connotation)
Tener derecho = to have the right
Venir = to come
Salir = to leave
Por las cuales = by which

"No individual
has any *right*
to come into the world
and *go out* of it
without leaving *behind* him
distinct and legitimate *reasons*
for having passed through it."

George Washington Carver

"Qué tan *lejos* llegas en la vida depende de
ser *tierno* con los *jóvenes,*
compasivo con *el anciano ,*
amable con *el que lucha,*
y *tolerante* con los *débiles*
y fuertes.
Porque algún día en tu vida
habrás sido uno de ellos."

George Washington Carver

See side-by-side translation

"How *far* you get in life
depends on
being *tender* with the *young,*
compassionate with *the aged,*
sympathetic with *the striving,*
and *tolerant* of the *weak*
and strong.
Because someday in your life
you will have been all of these."

George Washington Carver

"Lo que tú **estás dispuesto**
a **dar**,
no siempre es lo que **los demás**
están dispuestos
a ***devolver*.**"

Anónimo

"En la vida
hay palabras *que dicen* **poco**
y silencios que dicen ***mucho*.**"

Anónimo

Estar dispuesto = to be willing to
Dar = to give
Los demás = the others, the rest
Devolver = to return, to give back
Poco = a little, few, not much
Mucho = much

"*What* you are willing
to give
is not always what others
are willing
to give back."

"In life
there are words *that say* little
and silences that say *a lot.*"

Anonymous

7 Peligros a la Virtud Humana

1. Riqueza sin trabajo
2. Placer sin conciencia.
3. Conocimiento sin carácter.
4. Negocios sin ética.
5. Ciencia sin humanidad.
6. Religión sin sacrificio.
7. Política sin principios.

Mahatma Gandhi

See side-by-side translation

7 Dangers to Human Virtue

1. Wealth without work.
2. Pleasure without conscience.
3. Knowledge without character.
4. Business without ethics.
5. Science without humanity.
6. Religion without sacrifice.
7. Politics without principle.

Mahatma Gandhi

"Para *encontrar* la paz,
solo hay que *escuchar*
el corazón
antes de que intervenga
la mente <u>*ya*</u> condicionada
por los ***recuerdos*** del pasado
que ***enferman***,
encadenan y dividen."

Facundo Cabrales

Solo = only
Antes de que = before
Recuerdos = memories
Enfermar = to get sich
Encadenar = to chain

"To *find* peace,
we just only have *to listen*
to the heart
before the _already_ conditioned
mind intervenes
with the *memories* of the past
that make us sick,
chaines us up and divides."

Facundo Cabrales

"Las *mentes* extraordinarias
discuten *ideas;*
las mentes *promedio*
discuten *eventos;*
las mentes *pequeñas*
discuten sobre *personas* ".

Eleanor Roosevelt

Paciencia *no es*
la habilidad *de esperar,*
sino la habilidad de *mantener*
una buena *actitud*
mientras *esperas.*"

Anónimo

Discutir = to discuss
Mientras = while

"Great *minds*
discuss *ideas*;
average minds
discuss *events*;
small minds
discuss *people*."

Eleanor Roosevelt

"Patience *is not*
the ability *to wait,*
but the ability *to maintain*
a good *attitude*
while *you wait*."

Anonymous

*"La **amistad** crece cuando
visitas a tus amigos
pero de vez en cuando."*

"La mejor manera de **perder**
un amigo, es
*haciendo **negocios*** con él,
prestándole dinero
o *pasando* mucho **tiempo**
en la casa **del otro**."

Juana de García

Amistad = friendship
Amigos = friends
Perder = to lose
Negocio = business
Prestar = to lend
Tiempo = time
Del otro = of the other / someone's else

"Friendship increases by
visiting friends
but visiting *seldom."*

Ben Franklin

"The best way to lose
a friend, is by
doing business with him,
lending him money
or *spending* too much time
in his home."

Juana de García

"Yo soy *exitoso* hoy, porque *tuve* un amigo que *creyó* en mí *y yo no tuve* corazón para *decepcionarlo.*"

Abraham Lincoln

La vida de la historia de Lincoln; una biografía compuesta por quinientas historias reales contadas por Abraham Lincoln y sus amigos (1908)

See side-by-side translation

"I'm a *success* today because *I had* a friend who *believed in me and I didn't have* the heart to *let him down.*"

Abraham Lincoln

The story-life of Lincoln; a biography composed of five hundred true stories told by Abraham Lincoln and his friends (1908)

"Si **esperas** a **que se den** las condiciones perfectas, *nunca **harás** nada*."

Juana de García

"La vida *no es **nada*** sin amigos."

Amaranto García

"El Amor, es un verbo en acción."

Diana Reese

Esperar = to wait, to hope
Que se den = that are given
Hacer = to do (harás = will do)
Nada = nothing

"If you wait
for perfect conditions,
*You will never get anything
done.*"

Juana de García

"Life *is nothing* without
friends."

Amaranto García

"Love, is an action verb."

Diana Reese

Acerca de Diana Reese

Colombiana, Ciudadana Norteamericana y Administradora de Empresas. Su deseo de ayudar a otros la motivó a enseñar el idioma español en EE. UU. Inicialmente en Peninsula Catholic High School en Newport News Virginia y en Hampton University en Virginia. Más adelante, se concentró en la enseñanza de clases privadas de español por internet para adultos y personas mayores.

Su pasión por los pensamientos, citas, refranes y más, es heredada de su padre Amaranto García

Guerrero, quien amaba la filosofía y de su madre, Juana de García, quien siempre usó palabras sabias en la educación de sus hijos. Diana decidió compartir algunas de sus citas favoritas en su libro "Lecciones de Vida y Palabras Sabias" para resaltar el idioma español-inglés de una manera diferente.

Sígala en sus sitios:
https://www.facebook.com/becomingbilingual/
https://becomingbilingual.blog/
https://www.youtube.com/user/BilingualVirtualServ
Twitter: @spanish4life

About Diana Reese

Colombian,
American Citizen
and Business
Adminstrator.
Her desire for
helping others
motivated her to
teach the
Spanish language in the USA
initially at Peninsula Catholic High
School in Newport News Virginia
and Hampton University in
Virginia. Later in life, she decided
to teach private online Spanish
classes to adults and seniors.
Her passion for thoughts, quotes,
sayings and more is inherited
from her father Amaranto García

Guerrero who loved philosophy, and from her mother Juana de García who always used words of wisdom in the upbringing of their children.

Diana decided to share some her favorite quotes in her "**Life Lessons and Words of Wisdom**" book, to enlighten the Spanish-English language in a different way.

Follow her at:

https://www.facebook.com/becomingbilingual/
https://becomingbilingual.blog/
https://www.youtube.com/user/BilingualVirtualServ
Twitter: @spanish4life

Definiciones

Pensamientos, adagios, refranes y proverbios tienen en común que son sentencias cortas, fáciles y con una connotación de sabiduría popular basada en la experiencia de nuestros antepasados. En muchos casos, es difícil diferenciarlos.

Un pensamiento es la capacidad que tiene el individuo de crear ideas y representaciones con la mente mediante la actividad del intelecto para dar sentido y predecir el mundo que viven y experimentan. Ej: "Estoy viviendo mis años dorados temprano en la vida."

El adagio es una frase muy corta pero fácil de memorizar, y que contiene y expresa algún elemento de conocimiento o experiencia importante, considerado cierto por mucha gente, y/o que ha ganado cierta credibilidad a través de su uso continuado. Ej: "A lo hecho, pecho."

El Refrán es una sentencia corta, usualmente con humor, y en la mayoría de los casos es de origen desconocido. Los refranes también sacados *de la experiencia y especulación de nuestros antepasados.* Ej: "La mona aunque se vista de seda, mona se queda."

Un Proverbio, es una sentencia un poco más compleja, que busca promover el sentido común y la reflexión. Los proverbios más comunes son los chinos, japoneses, españoles y latinos. Ej: " La más larga caminata comienza con un paso."

Definitions

Thoughts, adages, sayings and proverbs have in common that they are easy short sentences with a connotation of popular wisdom based on the experience of our ancestors. In many cases, it is difficult to differentiate between them.

A thought is the ability of the individual to create ideas and representations with the mind through the activity of the intellect to give meaning and predict the world they live and experience. I.e: "I'm living my golden years early in life."

The adage is a very short phrase but easy to memorize, and it contains and expresses some element of knowledge or important experience, considered true by many people, and/or that has gained some credibility through its continued use. I.e: "What's done, is done."

A saying, is a short sentence, usually with humor, and in most cases it is of unknown origin. Sayings are also taken from the experience and speculation of our ancestors. I.e: "The monkey, even though it is dressed in silk, is still a monkey."

A Proverb, is a sentence that is a little more complex, which seeks to promote common sense and reflection. The most common proverbs are the Chinese, Japanese, Spanish and Latin. I.e: "The longest walk begins with one step."

Próximamente

Español-inglés

Conversaciones breves
de la vida real y actividades.

Para obtener más información,
suscríbase a
https://becomingbilingual.blog/

Coming Soon

Spanish-English

Short real life conversations
and activities.

For more information,
subscribe at
https://becomingbilingual.blog/

Images Citation.

www.ingramcontent.com/pod-product-compliance
Lightning Source LLC
Chambersburg PA
CBHW061731020426
42331CB00006B/1188